AF369965

21 Mars 1891

V

VENTE DU SAMEDI 21 MARS 1891

HOTEL DROUOT, SALLE N° 1

BOIS SCULPTÉS & MEUBLES

ANCIENS ET DE STYLE

Décoration de Salon Empire

CÉRAMIQUE

OBJETS VARIÉS

TAPISSERIES

EXPOSITION PUBLIQUE

LE VENDREDI 20 MARS 1891

De 1 heure à 5 heures 1/2

Mᵉ PAUL CHEVALLIER	**M. CHARLES MANNHEIM**
COMMISSAIRE-PRISEUR	EXPERT
10, rue de la Grange-Batelière, 10	7, rue Saint-Georges, 7

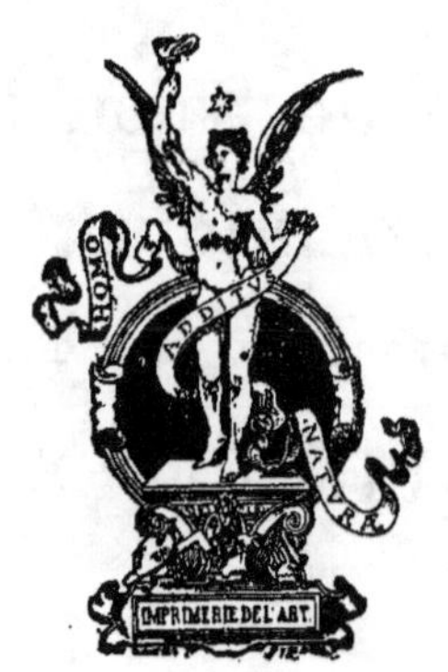

CATALOGUE

DES

MEUBLES ET BOIS SCULPTÉS

ANCIENS ET DE STYLE

Décoration de Salon Empire

CÉRAMIQUE

OBJETS VARIÉS

TAPISSERIES

DONT LA VENTE AURA LIEU

HOTEL DROUOT, SALLE N° 1

Le Samedi 21 Mars 1891

à deux heures

Mᵉ PAUL CHEVALLIER	M. CHARLES MANNHEIM
COMMISSAIRE-PRISEUR	EXPERT
10, rue de la Grange-Batelière, 10	7, rue Saint-Georges, 7

EXPOSITION PUBLIQUE

Le Vendredi 20 Mars 1891, de 1 heure à 5 heures 1/2

CONDITIONS DE LA VENTE

La vente sera faite au comptant.

Les Acquéreurs paieront, en sus des adjudications, *cinq pour cent*, applicables aux frais.

L'Exposition mettant les acquéreurs à même de se rendre compte de l'état et de la nature des objets, il ne sera admis aucune réclamation une fois l'adjudication prononcée.

Paris. — Imprimerie de l'Art, E. Ménard et Cⁱᵉ, 41, rue de la Victoire.

DÉSIGNATION DES OBJETS

BOIS SCULPTÉS ET MEUBLES

1 — Décoration de salon en bois peint en couleurs et grisaille, composée de panneaux de forme cintrée, de deux
portes à deux vantaux en acajou massif, ornées, sur une
face de peintures en grisaille également, et, sur l'autre,
de glaces. Époque Empire. Cette décoration provient de
l'hôtel du duc d'Albuféra.

2 — Deux dessus de portes Louis XV, en bois sculpté et
doré, coquilles et trophées d'instruments de musique.

3 — Lot de fragments de bois sculpté et doré Louis XV.

4 — Base de retable en bois sculpté. Style gothique.

5-6 — Deux grands cadres de glaces en bois sculpté et
peint en blanc.

7 — Lot de baguettes d'encadrement en bois doré. Époque
Empire.

8 — Devant de coffre en bois sculpté, formé en partie de
panneaux du xvᵉ siècle, à motifs flamboyants.

9 — Devant de coffre en bois sculpté, formé de deux cartouches limités par des cuirs découpés et séparés par trois mascarons en partie du xvie siècle.

10 — Devant de coffre en bois sculpté, orné de quatre apôtres. xviie siècle.

11 — Devant de coffre en bois sculpté : trois médaillons bustes en bas-relief. xvie siècle.

12 — Devant de coffre en bois sculpté : écusson armorié, animaux, personnages, arbres en léger relief, sur fond quadrillé. xviie siècle.

13 — Panneau en largeur en bois sculpté : amour sur un dauphin et sirènes. Style du xvie siècle.

14 — Panneau en largeur en bois sculpté : Char de l'Abondance.

15 — Dix-sept pièces en bois sculpté : panneaux à figures allégoriques et montants provenant d'un coffre du xvie siècle.

16 — Deux petites cariatides en bois sculpté en haut-relief : Homme et Femme. xvie siècle.

17 — Six colonnettes corinthiennes cannelées en bois sculpté.

18 — Quatre pièces en bois sculpté à feuillages, provenant de cadres.

19 — Deux panneaux en bois sculpté : mascarons dans des cuirs découpés. xvie siècle.

20 — Trois petits montants en bois sculpté en haut-relief :
mufles de lions et pendentifs : deux du xvie siècle, le troi-
sième de style.

21 — Dix pièces en bois sculpté, style du xvie siècle : deux
frontons ornés de têtes et de dauphins, et huit bras et
consoles de canapés à mufles de lions.

22 à 26 — Cinquante-quatre pièces en bois sculpté, anciennes
et de style : colonnettes, panneaux, frises, etc.

27-28 — Cinq bois de fauteuils Louis XV, à décor de fleu-
rettes en bas-relief.

29 — Chaise à porteurs. xviiie siècle.

30 — Statuette en bois sculpté : la Vierge debout portant
l'Enfant Jésus. Travail flamand. Fin du xve siècle.

31 — Statuette-applique en bois sculpté : Sainte Femme
debout. Flandres, xvie siècle.

32 — Statuette en bois sculpté : Sainte Catherine debout.
Flandres, xvie siècle.

33 — Deux statuettes en bois sculpté et peint : Saint et
Sainte. xviie siècle.

34 — Console-applique peinte et dorée : tête de chérubin.

35 — Deux statuettes en plâtre : Sainte Catherine et Femme
couchée.

36 — Grande cheminée en bois sculpté dans le style du
xvie siècle; elle est ornée de têtes en haut-relief et de

*

rinceaux et repose sur quatre colonnes cannelées. — Hauteur environ, 3 m. 50 cent.; largeur environ, 2 m. 50 cent.

37 — Meuble à fronton en bois sculpté dans le style du xvie siècle; il est à trois faces avec porte sur chacune d'elles et repose sur un corps inférieur à une porte; décor de figures allégoriques et de cariatides.

38 — Meuble en bois sculpté dans le style du xvie siècle; il ferme à deux portes et repose sur une table-console à un tiroir; cariatides aux angles.

39 — Deux panneaux en bois sculpté, style du xvie siècle : amours, satyres et personnages en haut-relief.

40 — Deux porte-serviettes en bois sculpté, style du xvie siècle : rinceaux.

41 — Deux pilastres cannelés en bois sculpté. Style du xvie siècle.

42 — Deux grands pilastres en bois sculpté, style du xvie siècle, à rinceaux.

43 — Huit panneaux en largeur en bois sculpté, style du xvie siècle : grotesques.

44 — Quatre petits panneaux en largeur en bois sculpté, style du xvie siècle : rinceaux.

45 — Six chaises dans le style du xvie siècle, en bois sculpté : médaillon buste et grotesques sur le dossier.

46 — Six cariatides en bois sculpté dans le style du xvie siècle.

47 — Six autres analogues tenant un cartouche ou un mascaron.

48 à 50 — Vingt-deux petits panneaux dans le style du xvie siècle, en bois sculpté : tête et grotesques.

51 à 54 — Environ quarante petits panneaux rectangulaires en bois sculpté, style du xvie siècle : bustes en bas-relief entourés de rinceaux.

55 à 64 — Cent petites consoles d'applique en bois sculpté dans le style du xvie siècle : têtes en haut-relief.

65-66 — Dix statuettes en bois sculpté, style du xvie siècle, servant de consoles-appliques.

67-68 — Vingt-quatre petites cariatides en bois sculpté, Style du xvie siècle.

69-70 — Douze statuettes en bois sculpté : personnages en costumes du xvie siècle tenant un cartouche.

71 — Glace Louis XVI dans un cadre en marqueterie de bois de couleurs.

72 — Deux supports en bois dur de style chinois.

73 — Petit panneau en bois sculpté en haut-relief : oiseau et écureuil.

74 — Médaillon en bois sculpté : tête de personnage en haut-relief.

OBJETS VARIÉS

75 — Rondache italienne en cuir noir gaufré : figure de Minerve et trophées en bas-relief.

76 — Deux flambeaux balustres, en cristal de roche avec garnitures d'argent ornées de fleurons émaillées.

77 — Deux vases ovoïdes en marbre tendre blanc : jeux d'enfants en bas-relief.

78 — Pulvérin en corne gravée, à sujets pieux.

79 — Statuette de divinité indienne, en bois sculpté et peint, sur socle en bois sculpté. — Haut., 1 m. 30 cent.

80 — Deux flambeaux en cuivre, d'après un modèle en étain du XVIe siècle.

81 — Tableau sur verre : Sacrifice à l'Amour; cadre en bois sculpté et doré.

82 — Tabatière flamande du XVIIIe siècle, en cuivre gravé avec coulisse cachant des sujets gravés.

83 — Groupe de huit figures en pierre sculptée, peinte et dorée : la Mise au tombeau. XVIe siècle.

84 — Deux bottes de postillon en ancien cuir noir.

CÉRAMIQUE

85 — Grand plat en ancienne porcelaine de Chine, famille rose : fleurs avec quadrillés sur le marli.

86 — Plat en ancienne porcelaine de Chine, famille rose : haie fleurie.

87 — Plat en porcelaine du Japon à décor bleu, rouge et or : vase de fleurs, au fond, compartiments d'oiseaux et fleurs au marli.

88 — Grand plat en porcelaine du Japon, à décor bleu, rouge et or : paysages au fond et au marli.

89 — Compotier à bords festonnés, en porcelaine du Japon à décor bleu : rochers fleuris ; au marli, compartiments de fleurs.

90 — Plateau ovale, en porcelaine de la Compagnie des Indes : guirlandes de fleurs.

91 — Deux plats en porcelaine du Japon : décor bleu, rouge et or ; l'un avec rosace au centre et fleurs au marli, l'autre à décor de paysage avec branches fleuries au marli.

92 — Plat en porcelaine du Japon à décor bleu et rouge, avec rehauts de vert : branches fleuries.

93 — Deux plats en porcelaine du Japon, à décor bleu, rouge et or, ornés en plein de branches fleuries.

94 — Plat en porcelaine du Japon, à décor bleu, rouge et

or ; au centre, compartiment contenant un motif rayon-
nant ; au marli, branches fleuries.

95 — Plat en porcelaine du Japon, à décor bleu de rinceaux
fleuris.

96 — Compotier en porcelaine du Japon, à décor bleu, rouge
et or : vase de fleurs ; au marli, compartiments de fleurs.

97 — Petit plat en porcelaine de la Compagnie des Indes :
guirlande de fleurs au marli.

98 — Plat des mêmes porcelaine et décor que le précédent.

99 — Fontaine en ancienne terre vernissée marron d'Avi-
gnon, affectant la forme d'une femme debout.

100 — Bidet en vieux Rouen, à décor bleu ; monture en
bois.

101 — Bassin oblong à bords festonnés en faïence, à décor
polychrome de Moustiers : personnages grotesques et
animaux.

102 — Plat oblong à bords festonnés en faïence de Moustiers :
bouquet de fleurs au centre.

103 — Plat oblong à bords festonnés en faïence du Midi :
poires et pommes.

TAPISSERIES

104 — Grande tapisserie rectangulaire en largeur : cavaliers
et paysans dans le goût de Téniers, fond de paysage ;

bordure à fond jaune. Flandres. Fin du XVIIe siècle — Environ 4 mètres de long sur 2 m. 70 cent. de haut.

105 — Grande tapisserie rectangulaire en largeur : paysans dans le goût de Teniers, fond de paysage ; bordure à fond jaune. Flandres. Fin du XVIIe siècle. — Environ 3 m. 20 cent. de long sur 2 m. 70 cent. de haut.

106 — Grande tapisserie rectangulaire en largeur : scène historique à nombreux personnages. XVIIe siècle. — Larg., 6 m. 20 cent. ; haut., 3 m. 60 cent.

107 — Grande tapisserie Renaissance de forme rectangulaire en largeur : scène historique à nombreux personnages, avec bordure de feuillages et figures allégoriques sur fond jaune. — Larg., 5 mètres ; haut., 2 m. 90 cent.

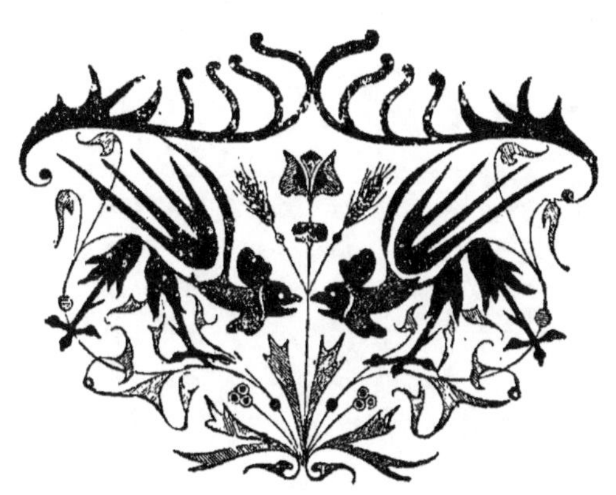